Made in the USA
Las Vegas, NV
17 February 2023

67705438R00061